NOVEMBRE.

P.Q. le 5. | D.Q. le 21.
P.L. le 12. | N.L. le 28.

1	25 D	TOUSSAINT
2	lun	Les Morts.
3	mar	s. Marcel
4	mer	s. Charles B.
5	jeu	ste Bertille
6	ven	s. Léonard
7	sam	s. Florent
8	26 D	stes Reliques
9	lun	s. Mathurin
10	mar	s. Léon P.
11	mer	s. Martin, év.
12	jeu	s. Vrain
13	ven	s. Gendulfe
14	sam	s. Maclou
15	27 D	s. Eugène.
16	lun	Edme
17	mar	s. Aguan
18	mer	ste Aude
19	jeu	ste Elizabeth
20	ven	s. Edmon
21	sam	Prés. N.-Dam
22	28 D	ste Cécile
23	lun	s. Clément
24	mar	s. Severin s.
25	mer	ste. Cather
26	jeu	ste Gen. A.
27	ven	s. Vital.
28	sam	s. Jacques. v.j
29	1 D	L'Avent.
30	lun	s. André.

DECEMBRE.

P.Q. le 4. | D.Q. le 20.
L.L. le 12. | N.L. le 27.

1	mar	s. Eloi.
2	mer	s. Fr. Xavier
3	jeu	s. Mirocle.
4	ven	ste. Barbe.
5	sam	s. Sabas.
6	2 D.	s. Nicolas
7	lun	ste Fare
8	mar	CONCEPT.
9	mer	ste Gorgonn.
10	jeu	ste. Valère, v.
11	ven	s. Fuscien
12	sam	steConstance
13	3 D.	ste Luce
14	lun	s. Nicaise.
15	mar	s.Mesmin.
16	mer	Quat. Tems.
17	jeu	ste Olympia.
18	ven	s Gratien.
19	sam	s. Meuris
20	4 D.	s. Philogo.
21	lun	s. Thom. ap.
22	mar	s. Ischirion
23	mer	ste Victoire
24	jeu	vigile jeûne
25	ven	NOEL
26	sam	s. Etienne.
27	D.	s. Jean, év.
28	lun	ss. Innocens
29	mar	s. Thom. C.
30	mer	ste Colombe
31	je.	s. Trostre

1818. JANV.

N.L. le 6. | P.L. le 22.
P.Q. le 14 | D.Q. le 29

1	jeu	CIRCONCIS.
2	ven	s. Basile
3	sam	ste Geneviè.
4	D.	s. Rigobert
5	lun	s. Simeo. sty.
6	mar	ÉPIPHANIE.
7	mer	s. Theau, s.
8	jeu	s. Lucien, pr.
9	ven	s. Pierre, év.
10	sam	s. Paul, H.
11	1 D.	s. Théodose
12	lun	s. Fréjus.
13	mar	Bap. N. S.
14	mer	s. Hilaire
15	jeu	s. Maur, ab.
16	ven	s. Guill. d. B.
17	sam	s. Antoine
18	D.	Septuagés.
19	lun	s. Sulpice
20	mar	s. Sébastien
21	mer	ste. Agnès
22	jeu	s. Vincent.
23	ven	s. Ildefonse
24	sam	s. Babylas
25	D.	Sexagésime
26	lun	s. Polycarpe
27	mar	s. Julien
28	mer	s. Cyrille.
29	jeu	s. Charlem.
30	ven	ste. Batilde
31	sam	s. Pierre Nol.

FEVRIER.

N.I. le 5. | P.I. le 21.
P.Q. le 13. | D.Q. le 28

1	D.	Quinquagés
2	lun	Purification
3	mar	s. Blaise
4	mer	s. Aven Cend
5	jeu	ste. Agathe.
6	ven	les 5 plaies.
7	sam	s. Tresain.
8	1 D.	Quadragés.
9	lun	ste Appoline
10	mar	ste. Scolast.
11	mer	s. Sover. 4 T.
12	jeu	ste Eulalie.
13	ven	s. Lézin.
14	sam	s. Valentin.
15	2 D.	Reminiscer
16	lun	ste. Julienn
17	mar	se. Mariann
18	mer	s. Siméon.
19	jeu	s. Gabin.
20	ven	s. Eucher.
21	sam	s. Pepin.
22	3 D.	Oculi.
23	lun	s. Mérault
24	mar	s. Prétest
25	mer	s. Averte
26	jeud	s. Porph
27	ven	ste Hon
28	sam	s. Rom

NOVEMBRE.		DECEMBRE.	
Q. le 5. D.Q. le 21.		P.Q. le 4. D.Q. le 20.	
L. le 12. N.L. le 28.		L.L. le 12. N.L. le 27.	
25 D	TOUSSAINT	1 mar	s. Eloi.
lun	Les Morts.	2 mer	s. Fr. Xavier
mar	s. Marcel	3 jeu	s. Mirocle.
mer	s. Charles B.	4 ven	ste. Barbe.
jeu	ste Bertille	5 sam	s. Sabas.
ven	s. Léonard	6 2 D.	s. Nicolas
sam	s. Florent	7 lun	ste Fare
26 D	stes Reliques	8 mar	CONCEPT.
lun	s. Mathurin	9 mer	ste Gorgonn.
mar	s. Léon P.	10 jeu	ste. Valère, v.
mer	s. Martin, év.	11 ven	s. Fuscien
jeu	s. Vrain	12 sam	steConstance
ven	s. Gendulfe	13 3 D.	ste Luce
sam	s. Maclou	14 lun	s. Nicaise.
27 D	s. Eugene.	15 mar	s. Mesmin.
lun	s. Edme	16 mer	Quat. Tems.
mar	s. Agnan	17 jeu	ste Olympia.
mer	ste Aude	18 ven	s. Gratien.
jeu	ste Elizabeth	19 sam	s. Meuris.
ven	s. Edmou	20 4 D.	s. Philogo.
sam	Prés. N.-Dam	21 lun	s. Thom. ap.
28 D	ste Cécile	22 mar	s. Ischirion
lun	s. Clément	23 mer	ste Victoire
mar	s. Severin s.	24 jeu	vigile jeûne
	ste. Cather	25 ven	NOEL
	ste Gen. A.	26 sam	s. Etienne.
	s. Vital.	27 D.	s. Jean, év.
	s. Jacques. v.j	28 lun	ss. Innocens
	L'Avent.	29 mar	s. Thom. C.
	André.	30 mer	ste Colombe
		31 jeu	s. Sylvestre

1818. JANV.		FEVRIER.		N.
N.L. le 6. P.L. le 22.		N.L. le 5. P.L. le 21.		
P.Q. le 14 D.Q. le 29.		P.Q. le 13. D.Q. le 28.		
1 jeu	CIRCONCIS.	1 D.	Quinquagés	1
2 ven	s. Basile	lun	Purification	2
3 sam	ste Geneviè.	mar	s. Blaise	3
4 D.	s. Rigobert	mer	s. Aven. Cend	4
5 lun	s. Siméo. sty.	jeu	ste. Agathe.	5
6 mar	ÉPIPHANIE.	ven	les 5 plaies.	6
7 mer	s. Theau, s.	sam	s. Tresain.	7
8 jeu	s. Lucien, pr.	1 D.	Quadragés.	8
9 ven	s. Pierre, év.	lun	ste Appoline	9
10 sam	s. Paul, H.	mar	ste. Scolast.	10
11 D.	s. Théodose	mer	s. Sever. 4 T.	11
12 lun	s. Fréjus.	jeu	ste Eulalie.	12
13 mar	Bap. N. S.	ven	s. Lézin.	13
14 mer	s. Hilaire	sam	s. Valentin.	14
15 jeu	s. Maur, ab.	2 D.	Reminiscer.	15
16 ven	s. Guill. d. B.	lun	ste. Julienne	16
17 sam	s. Antoine	mar	se. Marianne	17
18 D.	Septuagés.	mer	s. Siméon.	18
19 lun	s. Sulpice	jeu	s. Gabin.	19
20 mar	s. Sébastien	ven	s. Eucher.	20
21 mer	ste. Agnès	sam	s. Pepin.	21
22 jeu	s. Vincent.	3 D.	Oculi.	22
23 ven	s. Ildefonse	lun	s. Mérault.	23
24 sam	s. Babylas	mar	s. Prétestat.	24
25 D.	Sexagésime	mer	s. Avertain.	25
26 lun	s. Polycarpe	jeu	s. Porphyre.	26
27 mar	s. Julien	ven	ste Honorin.	27
28 mer	s. Cyrille.	sam	s. Romain.	28
29 jeu	Charlem.			29
30 ven	ste Batilde			30
31 sam	s. Pierre Nol			

Air. De la Pipe de Tabac.
Lecteur, dans cette Miniature
Dont l'Original est parfait,
Tu vois trait pour trait la figure
Déplaisant monsieur Brulé.
Enfant gâté de la nature,
Et tout Champenois qu'il étoit,
Il va prouver avec usure
Qu'un bel esprit n'est jamais laid.

M. BRIOLET,

OU

LE MODERNE

ROQUELAURE.

Facéties divetissantes ;

Dires plaisans ; Tours bouffons ; Faits, Gestes, et OEuvres comiques de ce Personnage singulier.

A PARIS,

Chez TIGER, Imprimeur-Libraire, rue du Petit-Pont-Saint-Jacques, n° 10.

Au Pilier littéraire.

M. BRIOLET.

CHAPITRE PREMIER.

Naissance et portrait de M. Briolet. Ce que son père ne put faire de lui; ce qu'il fit de lui-même.

Tout le monde ne sauroit être d'une naissance illustre, et nommer avec fierté ses aïeux; c'est le hazard, ou, pour parler plus chrétiennement, c'est la Providence qui nous donne pour père un Prince ou un Savetier. Le Roquelaure du dix-huitième siècle, dont nous publions quelques aventures, n'eut pas comme celui du dix-septième, l'avantage d'être duc; il ne fut son *pair* que par la trempe facétieuse de son esprit.

Monsieur Briolet père, néanmoins, étoit le personnage le plus
important de La Fère, bicoque de
la Champagne Pouilleuse, où il
réunissoit, en sa personne, les titres
et fonctions de Notaire, de Procureur et de Collecteur des contri-
butions. Il échangea bientôt cette
qualité contre celle de Maire, et ce
fut pour son jeune fils une occasion de faire briller de bonne heure
le génie pétillant dont la nature
l'avoit doué. En effet, la nouvelle
de la promotion de son père à cette
dignité lui étant parvenue le jour
même qu'il lui naquit une fille, il
le félicita de ce double événement
par le quatrain suivant, qu'il at-
tacha au berceau de Mimi, sa sœur,
nouvellement née:

> Qu'à jamais le jour soit béni
> Où le ciel vous fit Père et Maire !
> Puisse bientôt aussi Mimi
> Jouer avec le petit frère !

Ce trait ingénieux, qu'avoient précédé bien d'autres, confirma dans le cœur de M. Briolet père, l'espoir qu'il avoit d'abord conçu de laisser à sa clientelle et à ses administrés, un digne successeur dans son fils. Il le retira sur-le-champ des mains de M. Tapelourd, le plus savant des Instituteurs de la contrée, chargé de son éducation, et, le regardant d'avance comme le plus solide appui de son Etude, il le mit à grossoyer, à minuter des actes, procès-verbaux, saisies, inventaires, etc. etc. Mais, hélas ! ses premiers essais ne justifièrent pas les espérances qu'ils avoit données : loin de là, ils annoncèrent tout d'abord que les affaires contentieuses et l'accointance des huissiers n'étoient point son fait ; on vit que le stile de la chicane ne seroit jamais sa langue favorite.

Son père le chargea un jour de mettre au net une lettre qu'il écrivoit à un receveur subalterne en retard pour ses versemens, et dans laquelle il le menaçoit de la destitution si désormais il le trouvoit en *reste*; et comme il lui demandoit son avis sur la rédaction de la missive : « Elle me paroit fort bien, » répondit-il; seulement je trouve » un peu dure la menace que vous » lui faites de le destituer, si vous » le trouvez en *veste*. Qu'il soit en » veste ou en robe-de-chambre, » je ne vois guère en quoi cela » vous importe. » Son père, en admirant sa facilité à saisir du plus loin les rapports des choses, gémit des maux sans nombre que peut produire l'équivoque.

Un autre jour c'étoit un procès-verbal constatant le dégât fait dans un pré par un âne, qui, comme on sait, en stile de pratique s'ap-

pelle une *bête âsine*. Le jeune Briolet, mauvais déchiffreur, transcri-
vit *bécassine*, de sorte que l'inno-
cent oiseau se trouvoit avoir rava-
gé plusieurs arpens de prairie.

Uu autre fois encore (c'étoit
en carême), il avoit copié une pièce
volumineuse, et qui l'avoit occupé
plus tard qu'à l'ordinaire. » Ap-
» porte l'original, lui dit son père,
» et nous *collationnerons* ; » et
quand il vit qu'il falloit relire tout
ce long fratras, il se mit à pleurer,
en disant : « Voilà la collation bien
» retardée ! »

Enfin, comme il rédigeoit une
lettre à l'Intendant de M. Peigneux,
marquis de Tristecraie, Seigneur
des environs, client de son père :
« Aie soin, lui dit ce dernier, de
» faire présenter nos respects à
» M. de Tristecraie, à son épouse
» et à ses enfans ; garde-toi sur-
» tout d'oublier le titre de Mar-

» quis, tu sais qu'ils en sont fort » jaloux. » En conséquence, le jeune Briolet termina ainsi sa lettre: « Je vous supplie, Monsieur, de » présenter nos respects à Mon- » sieur le Marquis, à Madame la » Marquise, et à tous Messieurs » les *Marcassins*. » Il crut ne pou- voir mieux désigner des fils de Marquis.

De pareilles méprises, fréquem- ment répétées, finirent par con- vaincre M. Briolet père qu'il s'é- toit vainement flatté de perpétuer dans sa race l'étude du droit. Il abandonna son fils à ses penchans, persuadé que le génie finit par trouver de lui-même son assiette.

Quelle profession pensez-vous que celui-ci embrassa? Celle de manger, boire, dormir et ne rien faire, à moins que vous ne regar- diez comme des occupations les espiégleries par lesquelles il préludoit à la réputation de bouffon, qu'il acquit depuis à un si haut degré. C'est un métier commode, pour lequel il y a beaucoup d'appelés, mais peu d'élus; car, s'il n'a guère besoin de la grâce qui fait les saints, il demande une part dans les dons que la fortune prodigue aux riches: or l'héritage que M. Briolet, notre héros, reçut de son père, ne s'élevoit pas au-dessus de neuf cent soixante-sept liv. onze sols quatre deniers de rente annuelle. Heureusement il avoit en lui-même de quoi y suppléer.

Il étoit donc bel homme, doué d'une agréable figure? il est tant de gens à Paris qui n'ont pas d'autre ferme! Non, sans doute, à le juger d'après la manière ordinaire d'apprécier la beauté. Mais qui est-ce qui a dit à Messieurs les artistes qu'une forme est plus belle qu'une autre; qu'il faut, pour charmer les

A 5

yeux, tel ou tel assortiment de formes droites et de formes arrondies ? La nature, qui ne sauroit avoir tort, s'étoit plu à multiplier les courbes dans les contours de tous les traits de M. Briolet ; et elle les avoit accouplés si bizarrement, qu'il en résultoit un ensemble de la plus piquante originalité.

Sa tête, d'un volume énorme, paroissoit avoir été formée aux dépens de tant d'autres, si petites et si étroites. Ses cheveux, naturellement hérissés comme le houx, eussent résisté à tout l'art du coiffeur. Ses yeux ne pouvoient donner accès qu'à un très-petit rayon de lumière, mais ils le renvoyoient du fond de leur cavité plus vif qu'ils ne l'avoient reçu ; ils pouvoient d'ailleurs l'avertir de l'approche de deux ennemis venant de directions opposées. Les sourcils

qui les couronnoient étoient touf-
fus et formoient en se relevant,
une rigole qui les eût garantis de
toutes les douches qu'on eût fait
pleuvoir sur lui. Son nez, imitant
une pomme de terre alongée, sembloit un aimable jeu de la nature ;
et sa bouche placée entre lui et
un menton pointu étoit de di-
mension à escamoter, d'un seul
morceau, la plus belle pêche des
jardins de Montreuil.

Le reste de sa personne n'avoit
rien de très-remarquable. Son buste
étoit doucement arqué par devant
et par derrière ; et quand il parloit
on l'eût pris pour un coffre sonore.
Dans la joie, son rire éclatant im-
primoit à tout son corps un mouvement de dislocation qui étoit
lui-même très-risible ; et, dans la
douleur ou à la suite de quelque
exercice pénible, il poussoit des

soupirs dont un seul eût suffi pour mouvoir les aîles d'un moulin.

Tels étoient les dons extérieurs dont M. Briolet se montroit orné à l'âge fortuné où on y attache tant de prix ; mais c'étoit du côté de l'esprit, surtout, que la nature l'avoit libéralement pourvu ; sa richesse, sous ce rapport, étoit telle, qu'il pouvoit en faire une grande dépense journalière, sans épuiser le fonds, et il ne le servoit jamais sans l'assaisonner de gaîté. C'est ce dont nous espérons convaincre le Lecteur par la narration simple et fidèle de quelques-uns de ses faits et gestes facétieux.

CHAPITRE II.

Départ de M. Briolet pour Paris. Comment il sauva, devant des Dames, l'honneur de son derrière, et comment il leur fit servir sa culotte dans un pâté.

Monsieur Briolet trouvoit bien dans son pays natal des rieurs avec qui il pût jouter, car dans cette Champagne tout le monde a de l'esprit ; mais il étoit d'une force si disproportionnée à son avantage, qu'il jetoit comme, on dit, sa poudre au moineaux. Son ame fut donc chatouillée du desir de venir dans la capitale, où le talent est dans son véritable élément, et où il brille de tout son éclat, bien qu'ordinairement logé dans les greniers.

Avant son départ, il fit une visite d'adieu à M. Chardonnet, son curé,

personnage très-jovial , n'ayant
hors de ses fonctions rien de triste
que son habit, et qui lui avoit,
naguère , plus d'une fois géné-
reusement pardonné d'avoir mis
du vinaigre dans ses burettes , et
de l'encre dans son bénitier. « Hé
» bien ! Monsieur le Curé, comment
» va le casuel ? — Coussi, Coussi ,
» M. Briolet ; le mariage et le bap-
» tême ne donnent pas , mais le
» mort se soutient. » Après qu'on
se fut porté quelque bottes pareilles et qu'ont eut bu le vin de
l'étrier , le Pasteur donna à son
joyeux paroissien des lettres de
recommandation pour quelques
personnes de la capitale ; et , non
sans malice, il en ajouta une pour
le propriétaire d'un château situé
sur la route ; il l'invita expressé-
ment à s'y arrêter , lui promettant
qu'il y seroit très-bien reçu.

Je dis non sans malice , car

M. Jacquart, maître et habitant dudit castel, étoit lui-même un rieur désordonné; il se plaisoit à faire des niches à tout le monde, et il ne se présentoit chez lui aucun étranger sans être soumis à quelques-unes de ces épreuves, vulgairement nommées attrapes, dont le meilleur moyen de se tirer est d'en rire avec les autres, quand on y est pris. Pour M. Briolet, c'étoit tomber en bonne maison; M. le Curé le savoit bien, et M. Jacquart, instruit par lui du caractère de l'hôte qui lui arrivoit, se promit bien de se dédommager avec lui d'une longue abstinence de rire qu'il avoit faite depuis quelque tems.

Notre Roquelaure, au premier coup-d'œil, vit à qui il avoit affaire; son apparition fit briller sur toutes les physionomies le plus doux épanouissement; on vit bientôt que l'enveloppe n'étoit rien auprès de l'étoffe.

Madame Jacquart, qui avoit pour les farces autant de goût que son mari, vint le complimenter en cérémonie à la tête de plusieurs autres Dames, et comme ce jour-là il s'étoit, à déjeûner, bourré de petits pois, il advint qu'en s'inclinant à l'endroit le plus flatteur de la harangue, il laissa échapper un des zéphirs qui s'étoient introduits dans son corps avec les légumes aériens. Au bruit dont la sortie de cet indiscret fut accompagnée, vous eussiez vu le bataillon femelle rester interdit et presque muet, puis s'écrier que pour un nouveau venu M. Briolet se donnoit de fort vilains airs. Mais lui, sans se déconcerter, prenant à son tour la parole, et affectant de regarder derrière lui comme pour gronder le coupable : « Par-

» don, Mesdames, leur dit-il, si
» ce malôtru vous a interrompues,
» c'est un étourdi qui n'a point de
» de nez, et que je ne traîne après
» moi que parce qu'il m'est extrê-
» mement attaché. »

Cette heureuse présence d'esprit racommoda tout, et promettoit bien davantage.

Le dîner fut très-gai ; c'étoit plaisir de voir ce M. Briolet manger les asperges par le blanc, et le fromage à la crême avec de la moutarde : mais c'étoit au soir surtout qu'on l'attendoit. Mademoiselle Dorothée, gaillarde suivante de madame Jacquart, le conduisit dans la chambre à coucher qui lui étoit destinée, vaste pièce où un beau lit de damas cramoisi se répétoit dans une glace placée vis-à-vis sur une cheminée de marbre blanc. L'air lutin de l'égrillarde méritoit quelques agaceries

qu'on hazarda ; elle furent reçues
de manière à rendre plus hardi ;
on devint en effet plus téméraire ,
jusqu'à demander un baiser , qui
fut refusé, mais ravi, en dépit d'une
courte résistance qui en doubla la
douceur ; encouragé par ce succès , on veut attaquer les postes
avancés de la place ; mais halte-là ,
M. Briolet : la maligne soubrette ,
qui avoit étudié son rôle , s'enfuit
alors à toutes jambes , emportant
le flambeau qu'elle tenoit à la main,
et enferme à double tour le galant
audacieux comme pour mettre un
sûr rempart entre sa vertu et lui.
Ce fut envain qu'il la rappela ,
aussi haut que la crainte du scan-
dale pouvoit le permettre ; elle le
nargua pendant quelques momens
à travers la serrure , et elle finit
par disproître sans retour, le lais-
sant dans l'obscurité ; il fallut qu'il
se décidât à se coucher sans lu-

mière. Ce dernier embarras étoit peu de chose, mais il aggrava celui qui le suivit. Quelle fut en effet la découverte du sir, lorsque s'étant déshabillé, il chercha vainement le lit dont la vue l'avoit frappé en entrant, et qu'il fit à tâtons, pour le trouver, plus de vingt fois le tour de la chambre! La seule ressource qu'il lui restât fut de s'en construire un autre avec des chaises, comme M. d'Asnières. Il se creusa la tête pendant une bonne partie de la nuit pour débrouiller le merveilleux de cette aventure, et il y songeoit encore en se réveillant, lorsqu'à sa grande surprise il vit le lit enchanté à la même place ou il l'avoit vu la veille.

Pour mettre sur-le-champ le lecteur au fait de ce mystère, nous lui apprendrons qu'à ce lit étoient adaptées des cordes, et qu'on le

hissoit au plafond à l'aide de pou-
lies.

Cette invention étoit de M. Jacquart ; il l'avoit déjà essayée aux
dépens de plusieurs personnes , et
la pantomime de Dorothée, avec
M. Briolet , avoit été concertée
pour qu'on pût en faire mouvoir
les ressorts plus à l'aise. On se
figure aisément les éclats de rire
qui accompagnèrent , le lendemain
matin , les nouvelles qu'on s'empressa de lui demander de sa santé
et de la manière dont il avoit passé
la nuit. Il dissimula, attendant le
moment favorable pour une vengeance éclatante. L'occasion ne
tarda pas à se présenter.

En effet, la nuit suivante on res-
pecta son sommeil , mais ce fut un
tour d'un autre genre. A l'aide
d'une ouverture , pratiquée au plafond de sa chambre , et avec une
corde munie d'un crochet , on en-

leva son haut-de-chausses déposé
sur une chaise , à côté de son lit ;
et quatre dames complices, se met-
tant ensemble à l'ouvrage , en fer-
mèrent toutes les issues en les cou-
sant à petits points extrêmement
serrés : en cet état il fut remis à sa
place. Le lendemain de fort bonne
heure, on vint réveiller M. Briolet
en l'accusant de paresse ; une compagnie nombreuse l'attendoit , di-
soit-on , pour déjeûner. Il se jette
sur sa culotte : il eût été impossible
d'y insérer le petit doigt. Sans se
déconcerter, il revêt sa houpelande
de voyage et va emprunter au jar-
dinier dequoi suppléer à ce qui
lui manquoit ; puis il se présente
à la compagnie qui l'attendoit,
s'enveloppant avec soin de sa longue robe , et affectant l'air décon-
tenancé d'un homme dont les pays
bas sont dans un aisance inacou-
tumée. Cet embarras apparent ré-

jouit singulièrement les spectateurs ; les quolibets pleuvoient sur
lui, mais il n'en perdit pas un coup
de dent ; il avoit en tête pièce pour
répondre aux railleurs. Il savoit
que Madame Jacquart avoit été la
principale instigatrice de ce dernier tour ; qu'elle avoit ce jour-là,
comme pour augmenter le nombre
des rieurs, invité une nombreuse
compagnie à dîner, et qu'elle avoit,
pour la traiter honorablement, fait
faire un monstrueux pâté. Il épie
le moment ou il pourra s'introduire, sans être vu de personne,
dans l'office qui recéloit ledit pâté ;
découpe très-artistement tout autour la croûte de dessous, sans
altérer celle de dessus, ni des cô-
tés, et à la place du dedans, qu'il
retire entier sur la bâse ainsi dé-
tachée, et qu'il cache soigneuse-
ment, il glisse sa culotte dans l'état
où elle étoit sortie des mains de

ces dames si habiles aux travaux d'aiguille. Ce chef-d'œuvre de pâtisserie fut servi sur son plateau orné de fleurs, avec cette fourniture nouvelle. Dès qu'il parut, il n'y eut qu'une voix pour en louer et la taille et la mine ; Rouget, au dire de tous, ne l'eût pas désavoué. L'hôtesse empressée d'en faire les honneurs, le fait placer devant elle ; elle en découpe délicatement la croûte de dessus et la fait sauter lestement avec la pointe du couteau. Mais, ô surprise ! jugez de sa mystification, lorsque, au lieu de la bande de lard appétissante, elle découvre le velours cannelé de la culotte de M. Briolet, dont la couleur feuille-morte étoit suspectement altérée en plusieurs endroits. Sa confusion ne sauroit se dépeindre ; un rire universel l'augmenta encore. Le dedans du pâté fut ensuite servi à part, et trouvé exellent ; mais pour compléter son triomphe , M. Briolet mangea seul de la croûte , malgré l'invitation d'en goûter qu'il fit plusieurs fois à tous les convives , et particulièrement aux Dames , leur protestant qu'elle avoit une saveur et un parfum extraordinaires.

CHAPITRE III.

Comment M. Briolet voyagea avec un mort ; et comment il se vengea de l'impolitesse et de la cupidité d'un cocher.

Après avoir passé quelques jours au château de M. Jacquart, et y avoir mérité le nom de Roquelaure du siècle, M. Briolet s'achemina à pied vers Paris. Il étoit encore à plus de deux lieues de cette capitale, surpris par la nuit et par un orage, lorsqu'il vit fort à propos, (à ce qu'il crut du moins) à la

lueur

lueur du crépuscule mourant, passer un fiacre, dont le conducteur
pressoit à coups de fouet redou-
blés ses agonisantes rosses.—« As-
tu de la place, cocher, je te donnerai vingt-quatre sols. » Le drôle
de faire le sourd. « Je te donnerai
un écu. » Pour cette fois il entendit.—« Montez pour votre écu,
si vous voulez, répondit-il en faisant halte, mais je vous préviens
que vous ne serez pas seul. »
M. Briolet trouvant, en tâtant,
une place du fond libre, conclut
qu'il n'avoit qu'un compagnon de
voyage. Il lui adresse quelques
mots de civilité, il ne reçoit aucune réponse ; il dort sans doute,
dit-il, faisons de même, c'est le
secret de ne pas s'ennuyer. Mais
à peine il se laisse aller sur le velours d'Utrecht à tout l'abandon
du sommeil, qu'il se sent frappé
à la joue par une lourde masse

Briolet.   B

qui reste appliquée contre lui ; son premier mouvement est de la repousser , en disant : « prenez donc garde à ce que vous faites , Monsieur ; relevez-vous donc. » Elle retombe une seconde , une troisième fois , toujours avec la même pesanteur et la même taciturnité ; tant qu'à la fin impatienté , il crie au cocher : « Hola ! hé ! à quel diable de voisin m'as-tu donc accolé là ?—N'ayez pas peur, répondit l'autre en ricanant , il ne vous mangera pas , c'est un mort qui va se faire enterrer à Paris. » Et descendant de son siége , il va remettre le défunt en équilibre, ce que faisant il raconte à M. Briolet que c'étoit le corps d'une dame décédée à la campagne , et que ses parens , dûment autorisés , faisoient transporter à Paris , conformément à ses intentions , pour lui faire des obsèques dignes de leur amour pour elle et sur-tout de la riche succession qu'elle leur avoit laissée. M. Briolet étoit trop bon vivant pour avoir peur des morts, et puis il falloit punir le cocher mal-apris ; feignant donc de rire, il ne désempare pas ; mais il se rappelle à propos qu'il a sur lui une écritoire ; sorte de bijou dont les beaux esprits sont plus souvent fournis que de monnoie, et qui lui servoit à fixer, en chemin, sur le papier, ses pensées fugitives, comme le font les rêve-creux de Paris dans les allées solitaires du Luxembourg ou des Champs-Elysées. Il débarrasse la tête de la défunte du linceul qui l'enveloppoit, et, guidé par le tact, avec le coton de son cornet il la barbouille de noir et en fait une négresse : puis il se fait mettre à terre à un quart de lieue des murs de Paris. Arrivé aux barrières, le fiacre est

visité ; et comme le cocher cher-
choit à mettre les commis au fait
du singulier dépôt qu'il charrioit,
en leur répétant ce qu'il avoit dit
à M. Briolet, un d'eux, plus soup-
çonneux, et craignant qu'il n'y eût
là-dessous quelque ruse de contre-
bande, un flambeau à la main,
veut examiner la morte ; mais il ne
l'a pas plutôt envisagée qu'il recule
épouvanté, en s'écriant : *c'est le
diable ! c'est le diable !* Les autres
purent à peine calmer sa frayeur.

Cette circonstance rendant le
cocher suspect, on le conduisit
chez le plus prochain Commissaire
de police. Là, il fit même récit,
nommant les lieux, les tems et les
personnes, protestant au surplus
ignorer qui avoit pu, dans un si
court voyage, hâler si étrangement
la défunte. Les neveux de ladite
furent mandés, et reconnurent,
non sans peine, la tante, objet de

leurs regrets ; et le Commissaire qui, au premier abord, ne parloit que d'instruire et de verbaliser, mais à qui, en attendant l'arrivée des parens, le prévenu avoit raconté l'épisode qui concernoit M. Briolet, donna la preuve d'une sagacité rare, en finissant par prononcer gravement que c'étoit là le tour de quelque bouffon : les annales du tems dirent même qu'il rit. De sorte que M. Briolet eut dans cette circonstance le double honneur d'avoir fait rire un Commissaire et d'avoir puni un cocher cupide et impoli, qui, ce jour là, en fut quitte pour la peur.

CHAPITRE IV.

Comment M. Briolet se retira d'un déjeûner à l'anglaise.

L'aventure précédente ayant été cause que M. Briolet arriva fort

tard à Paris , il s'adressa à un honnête Fallot, qui le conduisit à l'hô-
tel du Petit-St-Jean , rue Trousse-
Vache , vis-à-vis l'auberge Saint-
Crépin. Ce fut de cette modeste
demeure qu'il commença le lendemain ses visites. Sans nous arrêter
à l'impression que lui causa cette
vaste cité , nous dirons que la
première qu'il fit , fut à un certain
M. Pouponneau , petit-maître s'il
en fut jamais , qui ne trouvant rien
de délicieux comme sa tournure
ultrà-champenoise, se promit de rire
à ses dépens. Il l'invita pour le sur-
lendemain à un déjeûner à l'anglaise. (C'étoit en effet l'époque où
l'anglomanie commençait à dominer
chez les François , éternels imita-
teurs de leurs ennemis.) Cette dé-
nomination d'outre - mer ayant
paru suspecte à M. Briolet, il se
tint sur ses gardes ; il fit plus , il se
munit de poudres purgatives et à

faire éternuer, dont il tenoit la recette de quelque Comus ambulant. Au jour et à l'heure indiqués il se rend chez M. Pouponneau, et y trouve avec lui cinq autres jeunes gens, tous damoiseaux.

Avant déjeûner il observe qu'ils entroient tous, l'un après l'autre, dans un cabinet voisin, et qu'ils rentroient en rajustant leur haut-de-chausse, et en se tâtant le ventre avec un petit air de satisfaction. — « Et vous, M. Briolet, lui dit M. Pouponneau, ne prenez-vous pas aussi un remède ? — Un remède ! — Oui, un lavement ; c'est une pratique qui nous est venue depuis peu ; c'est-là, à proprement parler, un déjeûner à l'anglaise. — Cela étant, très-volontiers. » Et tout en entrant dans le cabinet mysrérieux, il rencontre un Maître-Jacques aposté, tenant à la main une énorme seringue, vrai meuble de Gargantua, et qui lui offre son ministère d'un air très-insinuant. « Tout doux, dit M. Briolet, j'ai l'habitude de me les donner moi-même. » Il passe derrière un rideau ; la complaisante chaise percée reçut seule, à bas bruit, le copieux bouillon. Il avoit remarqué derrière un paravent, le déjeûner étalé sur un élégante console. En rentrant il jette subtilement, dans la saucière, le jalap dont il s'étoit fourni ; il augmente d'autant la sauce à la tartare. Le déjeûner servi, il y fait honneur en véritable affamé ; il exploite successivement et le beurre de Vanvres, et le saucisson d'Italie, et la côtelette parée ; il ne dédaigne même pas une aile de volaille froide, etc. etc. ; mais il n'a garde de goûter à la sauce, prétextant de l'aversion pour les mets d'une saveur trop relevée. Sa voracité réjouit beaucoup les convives, mais rien ne leur dilata la rate comme l'embarras, toujours croissant, où sembloit le mettre la difficulté simulée de retenir le fluide entré par un autre route que le déjeûner. Rien n'étoit en effet risible comme les signes grimaciers d'une pressante colique qu'il ne cessoit de donner. « Ne vous gênez pas, M. Briolet, si vous êtes incommodé, lui disoit l'un ; pour nous, qui y sommes accoutumés, nous le gardons ordinairement pendant une heure ou deux : faites-vous une heureuse violence, lui disoit un autre, vous vous en trouverez bien ; » et mille autres quolibets pareils. Mais la scène ne tarda pas à changer : l'effet du purgatif commence à se faire sentir, et les voilà tous contraints par un besoin réel de recourir au cabinet ; dans l'urgence simultanée, ils se disputent à qui passera le premier, le nombre et la capacité des vases ne peuvent y suffire ; ils laissent M. Briolet seul à table. Celui-ci, s'écriant qu'il ne peut plus y tenir, profite du désordre pour s'esquiver. Sa disparition, sans retour, finit par faire soupçonner aux déjeûneurs anglais qu'ils étoient dupes de l'espiègle champenois.

CHAPITRE V.

Comment M. Briolet fut consulter un Perruquier, et comment il en convertit deux autres.

Fatigué des railleries auxquelles l'exposoit sans cesse son costume provincial, M. Briolet résolut de se mettre à la mode : c'est un sacrifice qu'il faut que le sage fasse quelquefois: dans cette métamorphose, c'étoit sa rebelle chevelure qui l'embarassoit le plus ; on n'a-

voit pas encore ramené l'usage antique de la tailler à coup de serpe.
Or, à cette époque étoit en vogue M. Frison, Perruquier physionomiste; qui avoit le merveilleux talent de vous indiquer de prime abord le genre de coiffure qui convenoit le mieux à votre figure. Ce fut lui que M. Briolet fut consulter. Dès qu'il fut introduit dans l'atelier du nouvel artiste, on le fit asseoir sur un fauteuil; M. Frison arrive bientôt en habit noir, l'épée au côté, et le chapeau sous le bras; il l'envisage en lui tenant la main sous le menton, puis après un moment de silence, pendant lequel il lui faisoit aller la tête à gauche et à droite, comme à une marionnette, il prononce gravement : *figure à marrons; triple fer et demi-poudre à Monsieur.* Et deux Garçons, qui attendoient ses ordres, se mettent à besogner.

Les perruquiers sont race très-
goguenarde en tout pays ; outre
plusieurs autres qualités, que nous
passons sous le silence, et que ceux
de Paris ont éminemment. Nos
deux drôles trouvèrent donc plai-
sante la tête qu'il tenoient entre
leurs mains ; ils rioient à qui mieux
mieux , tant que ne soutenant pas,
avec dessein , le coude en l'air en
passant la papillote , ils rissolèrent
tant soit peu les oreilles de M. Briolet. Il lui en coûta douze francs ,
tant pour la consultation que pour
le coup de peigne ; et il sortit de
là beau comme Adonis.

Mais voilà comme ici bas tout
s'enfile , la Providence qui avoit
permis qu'il servît de risée à deux
Garçons Perruquiers ; le destinoit
aussi à les convertir. A quelques
jours de là il lui prit fantaisie
d'aller au bal masqué de l'Opéra,
une des curiosités de Paris qu'il

desiroit

desiroit le plus connoître; un Cos-
tumier lui loua un travestissement
de diable. Il se retiroit, à deux
heures après minuit, fort mécon-
tent de cette cohue insignifiante
pour quelqu'un qui n'a point d'in-
trigue à y filer, lorsqu'au détour
d'une rue il vit deux hommes se
querellant chaudement, et dont
l'un disoit à l'autre : si c'est moi,
je veux que le diable m'emporte.
Bon, dit-il en lui même, voilà de
quoi me dédommager de l'ennui
que je viens d'éprouver ; et, s'é-
lançant avec la rapidité de l'éclair,
il saisit et emporte entre ses cornes
le mécréant qui le prenoit à té-
moin. L'autre de se jeter à genoux,
de faire des signes de croix, et de
conjurer le ciel de le préserver
d'un pareil sort. De son côté son
camarade, déposé au coin d'une
borne par M. Briolet qui fut bientôt las de porter un pareil fardeau,

Briolet.   C

pouvoit à peine se persuader qu'il n'étoit pas transporté dans l'infernal manoir; il promit un cierge à Notre-Dame de Bon-Secours, à qui il attribua sa délivrance: la vue du diable les ramena l'un et l'autre à Dieu. Or ces deux disputeurs ainsi convertis se trouvoient être les deux Garçons Perruquiers à qui M. Briolet avoit eu affaire quelques jours auparavant, et dont l'un avoit été forcé de quitter la boutique de M. Frison, d'après quelques rapports qu'il attribuoit à l'autre.

C'est ici le cas de rapporter le tour qu'il joua à un autre Perruquier de son quartier. Il étoit un jour, au lever de l'aurore, à sa fenêtre prenant le frais, humant et rejetant avec volupté la fumée de tabac, lorsque passe le susdit Barbier, qui, pressé par le besoin et abusant de la facilité de pécher

contre les réglemens de la voierie,
que laisse la solitude du matin,
vint déposer immédiatement au-
dessous de lui le superflu de sa
disgestion. L'amalgame de la va-
peur annimale avec celle du tabac
ne flattoit nullement M. Briolet :
Sans perdre de tems il adapte une
épingle crochue à un fil, et s'en
servant doucement et avec adresse,
il relève la culotte que l'autre
venoit d'abattre, de sorte qu'elle
reçoit ce que celui-ci croyoit laisser à terre. Pour surcroît de disgrace, le besognant portoit d'une
main la perruque d'un Médecin,
duement retapée et triplement
poudrée, laquelle courut un grand
danger en cette occasion. Bref,
pour ne pas manquer à la ponc-
tualité ordinaire, et en même tems
pour éviter les railleurs, l'embre-
neur crut devoir ajourner la pro-
preté, et il emporta, dans sa

brayette, le corps du délit; de sorte que le docteur, sentant pendant sa toilette, des émanations dont il étoit juge-expert, et ne rêvant que son métier, ne cessoit de répéter: *la matière n'est pas louable, la matière n'est pas louable.*

CHAPITRE VI.

Comment M. Briolet se vengea de l'impertinence d'un Robin de province.

M. Briolet fut un jour invité à passer la soirée dans une maison de grand ton, où une nombreuse assemblée formoit un cercle des plus brillans. On y glosoit sur sa tournure hétéroclite, lorsqu'on entendit annoncer et qu'on vit introduire un autre personnage digne de le faire oublier. C'étoit un certain M. Pourchiet d'Arsac, conseil ler au parlement de Grenoble, qui jouissoit au superlatif du privilège qu'ont les Dauphinois d'être à la fois avares et glorieux. Rien n'étoit plus grotesque que l'air empesé de ce robin , dont les habits jadis à la mode paroissoient dater du tems des guerres de la Fronde. Il falloit aussi voir son carosse , qui n'étoit qu'un coffre vermoulu , traîné par deux haridelles , maigres comme le cheval de l'Apocalypse , et mené par un cocher plus que sexagénaire , qui auroit pu en conscience postuler les Quinze-vingts. Dans les saluts de civilité qu'il adressa à la compagnie il affecta d'omettre M. Briolet, qui fut piqué de ce dédain et résolut de s'en venger.

On sait que dans ces maisons cérémonieuses les voitures attendent dans la cour ou à la porte la sortie des maîtres , et qu'elles sont au

besoin appelées par les laquais.
M. Briolet prend les devants et
demande à la livrée la voiture
Pourchiet ; et les laquais de crier,
à tue-tête : *la voiture Pour chier !*
la voiture Pour chier ! La diligence disloquée approche en effet, et
M. Briolet y étoit déjà grimpé que
le vieux cocher ne s'étoit pas même
apperçu de sa leste ascension.
Servi à point par le besoin, et fa-
vorisé par la nuit, il fait sur la
banquette de derrière,

> Ce qu'une personne sensée
> Fait dans une chaise percée.

puis il s'esquive par la portière qui
regardoit la rue. Cependant M.
d'Arsac, instruit que son équipage
l'attendoit se présente à son tour,
les émanations gazeuses le suffo-
quent d'abord, c'est bien pis quand
il s'assied ; c'est alors qu'il sent plus
vivement l'injure qu'on vient de

lui faire, la moutarde lui monte au nez tout de bon ; il peste, il jure, il tempête, menaçant de tout son crédit le mécréant auteur de cette infamie, grondant son vieux serviteur sur sa négligence à garder sa voiture, et lui disant que la chose ne seroit point arrivée s'il y avoit tenu la main. En définitif, il en fut pour sa colére ; et la valetaille se plut encore à augmenter sa disgrace en marmotant assez haut, et avec un ris moqueur, qu'on étoit bien pardonnable de prendre son carosse pour un *pot de chambre :* elle eût dit plus justement qu'en tout cela il n'y avoit rien de risible qu'un *cas-briolet.*

CHAPITRE VII.

Comment M. Briolet paria de faire voir et fit en effet voir au public ce qu'on ne montre ordinairement qu'à l'Apothicaire.

M. Briolet ne se piquoit pas de cynisme, mais il se flattoit de ne pas se déconcerter aisément. Il arriva donc qu'un jour vantant son imperturbabilité, et, comme on dit, de fil en aiguille, il fut amené à parier, avec quelques uns de ses amis, qu'il montreroit son derrière au public. Le prix de la gageure étoit une matelote de la Rapée : voici comment il s'y prit pour le gagner. Il n'alla pas défier le soleil en plein midi, il eût craint de causer une éclipse ; mais il choisit, ce qui valoit presqu'autant, un jour de réjouissances publiques et

(45)

d'illuminations générales : c'étoit à
l'occasion d'une victoire éclatante
remportée sur les Anglais. Il sus-
pend et fixe à sa fenêtre un fond
de tonneau convenablement per-
foré, qu'il fait, tout autour, garnir
de lampions ; et à l'aide d'une es-
trade intérieure, sur laquelle il
pouvoit commodément se tenir, il
place au milieu du cercle lumineux
ce qu'on ne montre ordinairement
qu'à l'Apothicaire ; au-dessous, sur
un transparent, se lisoient des vers
que nous transcrirons plus bas.
Cependant les curieux s'arrêtent,
ils s'attroupent, ils se demandent
entr'eux ce qu'est cet objet central
et bombé dont aucun ne soupçonne
la nature ; ils suent à chercher là
quelqu'allégorie ingénieuse ; quelques femmes, plus connoisseuses,
avoient seules deviné juste, mais
elles n'osoient le dire. Efin l'un
des spectateurs qui se trouvoit

avoir sur lui une lorgnette de spectacle, la braque sur le postére im-
mobile, et après l'avoir examiné
avec autant d'attention qu'un as-
tronome qui observe les allures
d'une comète, il dit gravement aux
badauds rassemblés : Messieurs,
c'est un c... Et vous eussiez bientôt
entendu répéter, de bouche en
bouche: il a raison vraiment, c'est
un c..., c'est un c..., c'est un c..
Le pari fut ainsi gagné.

Il falloit ensuite s'arranger avec
l'autorité gardienne des mœurs publiques. M. Briolet s'attendoit à
être mandé chez le Commissaire
de police, et il le fut effectivement;
mais il avoit préparé sa défense.
Il avoit dessiné sur un carton, et
enluminé au naturel, le scandaleux
instrument du délit, et il allégua
que c'étoit cette peinture que les
yeux trompés avoient prise pour
la réalité. La femme du Commis-

(47)

saire, l'une des curieuses attra-
pées, soutint qu'une telle justifica-
tion étoit inadmissible, qu'on n'i-
mitoit pas ainsi la nature; elle ar-
guoit d'un rhume qui faisoit tous-
ser M. Briolet, elle demandoit
même une confrontation (on devine avec quel visage) qui eût
beaucoup embarrassé ce dernier.
Son mari, plus coulant et plus dis-
cret, décida néamoins qu'il n'y
avoit lieu à poursuite ultérieure;
et nous devons dire à son honneur,
qu'en se montrant peu rigoureux,
il prit plaisir à tenir compte à notre
Roquelaure des sentimens patrio-
tiques exprimés dans ses vers. Voici ce chef-d'œuvre poétique, tel
qu'on le lisoit sur le transparent :

   Puis-je mieux qu'en cette peinture,
   Messieurs, vous tracer la figure
   De nos ennemis consternés,
   Puisqu'à nos phalanges guerrières
   Ils n'ont montré que leurs derrières,
   Honteux d'avoir un pied de nez !

CHAPITRE VIII.

*Comment M. Briolet rendit subi-
tement l'ouïe à un fameux académicien.*

C'étoit un charmant homme que
La Condamine , académicien du
dernier siècle ; il étoit à la fois savant et bel esprit. Malheureusement sur la fin de sa vie il se laissa
aller à une humeur chagrine qui
lui persuadoit que la calomnie et
la médisance ne s'occupoient que
de lui: c'étoit une manie , fille de
l'amour-propre, qni a tourmenté
plus d'un philosophe. Pour laisser
en sa présence toute liberté aux
causeurs et satisfaire sa triste curiosité , il imagina de se faire passer pour sourd ; il feignit d'abord

une grande dureté d'oreille, plus
une surdité complète, et il ne mar-
choit jamais sans être muni de cet
instrument propre à concentrer les
lignes sonores, qu'on a nommé cornet acoustique.

M. Briolet, qui le rencontroit
quelquefois chez des connoissances
communes, fut un de ceux qui de-
vinèrent sa ruse, mais il n'eut pas,
comme des amis plus indulgens, la
discrétion de la taire. Un jour
qu'il se trouvoit avec lui dans une
maison où il y avoit compagnie
nombreuse, il s'aperçut que le
chagrin vieillard, sorti pour quelque besoin instantané, avoit par
mégarde laissé sur la cheminée son
cornet dont il n'avoit ordinairement
garde de se dessaisir. Il s'en em-
pare, et devant témoins, avec un
tampon de papier il en bouche her—
métiquement le conduit, puis le
remet à sa place. Dès que La Con-

damine est rentré, on ne manque
pas de lui adresser la parole par
forme d'épreuve ; il cherche dans
sa poche son cornet, croit d'abord
qu'on le lui a escamoté par malice ;
il se rappelle ensuite où il l'a entre-
posé, et, ravi de le retrouver sans
aucun signe de déplacement, il
le porte à l'oreille selon sa sima-
grée ordinaire, et répond cathégo-
riquement aux questions qui lui
sont faites. Le rire involontaire
des spectateurs lui fit d'abord soupçonner qu'il étoit joué ; mais par qui
et comment ? c'est ce qu'il étoit
bien impatient de connoître : des
indicrets et la visite qu'il fit à loi-
sir de son instrument l'instruisi-
rent de tout. Il est depuis convenu
que cette mystification avoit été un
des plus grands chagrins de sa vie ;
et il emporta au tombeau la ran-
cune contre M. Briolet.

Après cela dites-moi à quoi sert
la philosophie ?

CHAPITRE IX.

Comment M. Briolet escroqua les faveurs d'une beauté galante.

Il faut que tout cède au moins une fois au pouvoir de l'amour ; M. Briolet connut aussi cet étrange maître. Madame de la Rouerie fut le charmant objet dont le dieu se servit pour le subjuguer. C'étoit une de ces beautés à la mode qui n'ont d'autre fortune que leurs attraits, et qui sans mari se donnent le titre de dames, travaillant du reste assez pour le mériter. Or on sait que ces dames, puisque dames il y a, excellent à tourmenter l'argent, que le Pérou ne pourroit suffire à leurs caprices, et que, outre la contribution réglée de l'amant en titre qui loue au mois leurs faveurs, elles en lèvent souvent d'extraordinaires sur plus

d'un soupirant subalterne. M. Briolet venoit de recevoir une année de
ses revenus; et comme la présence
des métaux se trahissoit chez lui
par un petit air de fierté, dont le
sage lui-même ne se défend pas
dans la fortune, et par le bruit
argentin de ses poches, Madame de
la Rouerie jugea qu'elle pouvoit
le mettre au nombre des contri-
buables. Elle devint donc moins
sauvage; une partie de spectacle
est proposée, et gracieusement ac-
ceptée; on ramène Madame chez
elle; suit un souper tête-à-tête.
Après le souper, une humeur
sombre et chagrine succède à la
plus aimable folie. « La mélancolie
ne sied pas aux grâces, dit M. Briolet; qui peut ainsi vous attrister,
Madame?— Ne m'en parlez pas;
depuis deux jours je suis de temps
en temps d'une humeur, mais d'une
humeur..... — Eh! qui peut donc

la causer?—J'ai fait ce mois quelques folies, et voilà que je suis har-
celée par quelques fournisseurs
pour des misères ; on n'a pas idée
de l'importunité de cette canaille.
Quelqu'un qui, dans ce moment,
me prêteroit une quinzaine de
louis, me rendroit un véritable
service d'ami, et je les lui rendrois
à la fin de ce mois sans manquer.
— Trop heureux, Madame, si
vous voulez me permettre d'être
cet ami; » et les quinze louis sont
à l'instant déposés sur la cheminée. Après quelques propos vagues,
on invite M. Briolet à se retirer.
« Quoi, Madame, à minuit passé !
vous auriez cette cruauté-là ? —
Vous ne connoissez donc pas
M. Michonet (c'étoit le nom de
l'entreteneur); il est d'une jalou-
sie ! — Est-il de danger pour l'a-
mour ? — Vous êtes galant, Monsieur Briolet. » Enfin après quel-

ques pour-parlers, on capitule, et M. Briolet partage la couche voluptueuse de Mde de la Rouerie.

Entre l'avant et l'après il y a, comme on sait, une grande différence : la jouissance amena la satiété ; la satiété, la réflexion ; et la réflexion, le regret des quinze louis ; mais comment les ravoir ?

Après un galant déjeûner, Madame la Rouerie propose à son nouvel amant de l'accompagner dans une petite tournée qu'elle a à faire chez ses fournisseurs. On monte en voiture, car M. Michonet en tenoit toujours une à la disposition de Madame. En entrant dans l'élégant vis-à-vis, M. Briolet se sent suffoqué par une forte odeur de marée. Ouf! dit elle-même Madame de la Rouerie, et les flacons d'eau suave et d'ambre d'être tirés et versés à grands flots. Or cette odeur avoit une cause assez singulière. La mère de Madame, qui étoit une honnête blanchisseuse en fin, fort économe surtout, quelquefois pour ménager sa chaussure, se servoit de la voiture de sa fille ; elle en avoit usé la veille pour aller faire ses petites provisions à la Halle, et elle avoit malheureusement oublié dans une des sacoches, une demi-douzaine de harengs. Mais ce n'est là qu'un incident de ce que nous avons à raconter.

La place n'étant pas tenable, on continue la promenade à pied. En passant devant M. Trébuchet, orfèvre de Madame, elle ne manque pas d'y entrer, pour savoir s'il a quelque chose d'un nouveau goût, digne de tenter une jolie femme. — « Oh ! quelle charmante aiguière ! — Madame, dit M. Trébuchet, je la reçois à l'instant, vous n'en trouveriez pas une pareille dans Paris. » M. Briolet, de son côté, de trouver l'ouvrage achevé, tant pour l'élégance du dessein que pour le travail; elle est digne, disoit-il, de la toilette de Vénus. Enfin il entremêla si bien les propos galans à l'expression de son admiration, que Madame de la Rouerie ne douta pas qu'il desiroit ne pas se borner à un enthousiasme stérile; mais, comme elle pensoit qu'un pareil cadeau étoit au-dessus des moyens du sire, elle voulut au moins tirer tout le parti possible de ses bonnes dispositions. Elle prit donc à part M. Trébuchet et lui demanda le prix de l'aiguière; lui témoignant son envie de l'avoir, et de l'avoir aux dépens du grotesque soupirant qu'elle traînoit à sa suite : ces marchands sont accoutumés à ces sortes de confidences. Malheureusement la sienne, entre elle et M. Trébuchet, étoit

répétée par une glace placée devant M. Briolet ; celui-ci , jugeant
d'après les gestes de la dame qu'il
s'agissoit de lui dans leur conversation , prête attentivement l'oreille,
sans cesser de paroître tout entier
occupé de l'objet précieux qu'il a
entre les mains. » Je ne puis vous
la laisser à moins de cinquante
louis disoit à voix basse M. Trébuchet.— Hé bien , en voilà vingt-
cinq; s'il la marchande, ne la faites
que moitié prix : c'est un fesse-
mathieu; il faut tirer ce qu'on peut
de ces provinciaux. — Cela est
convenu ainsi, Madame , je ferai
du reste pour le mien. » Leur
à part étant fini , et la conversation étant renouée avec M. Briolet,
celui-ci laisse adroitement percer
le regret de ne pas se trouver dans
l'instant en mesure pour acquérir
la charmante aiguière. « Je n'ose
vous en demander le prix , dit-il

à l'orfèvre, mais obligez-moi de n'en point disposer dans la journée ; « et le sourire dont il accompagna ces mots, persuadèrent à Madame de la Rouerie que le riche meuble ne tarderoit pas à figurer sur sa toilette. En sortant elle rappela de nouveau à M. Trébuchet par un coup d'œil expréssif, la convention faite entre eux, et l'on continua les courses ; on s'y montra plus douce, plus aimable que jamais, et il n'en coûta de plus à M. Briolet qu'une paire de gants. Il eût encore volontiers fourni l'éventail ; son thême étoit fait, et ses arrangemens pris pour le recouvrement.

En effet, il n'eut pas plutôt quitté Madame, ce qu'il fit avec un sourire mytérieux et d'un heureux présage pour elle, qu'il retourne chez M. Trébuchet et demande à revoir l'aiguière. « Croyez-vous,

» lui dit-il, que cela puisse s'offrir
» à une jolie femme. — Monsieur,
» on ne sauroit offrir rien de plus
» galant. — Et quel en est le prix?
» — Le prix, Monsieur, est de tren-
» te louis. » Après quelques difficultés il se réduit à vingt-cinq ; ils
sont contés, et M. Briolet et
l'aiguière disparoissent.

Quand notre Roquelaure n'eût
pas entendu la convention entre
Madame de la Rouerie et M. Trébuchet, le poids seul de l'objet en
vermeil doré devoit le rassurer am-
plement sur son marché; sans avoir
la main d'un usurier on jugeoit fa-
cilement que le prix de l'achat n'é-
toit pas celui de la matière. Et en effet il ne fit de là qu'un saut chez un
autre orfèvre ; et celui-ci, du premier mot, lui en offrit mille francs,
il le lui céda à ce prix. Il se rem-
boursa ainsi lui-même de quinze
louis prêtés sur l'honneur toujours

trop hypothéqué d'une femme galante ; et n'eut pas le regret d'a-
voir acheté trop cher un repentir.

Mais ce qui ne sauroit se dépeindre, c'est l'humeur de Madame de
la Rouerie en attendant l'aiguière
tant desirée, son dépit en apprenant qu'elle étoit jouée par celui
qu'elle croyoit sa dupe ; ses injures
à M. Trébuchet qu'elle s'empressa
de revoir, et ses imprécations contre M. Briolet qu'elle ne revit plus.

CHAPITRE X.

Comment M. Briolet commanda à un petit maitre une culotte d'un nouveau goût et comment il lui fit manger du fromage.

Seroit-il vrai que la race des habitans de Sodome et de Gomorrhe n'a pas été anéantie dans le déluge de feu qui engloutit ces deux villes coupables, qu'il y ait des héritiers de leurs infâmes caprices ? Ah ! c'est sans doute une philosophie chagrine, c'est-la triste prétention de prouver que la perversité humaine peut se porter à tout genre d'excès qui a fait attribuer à quelques grands hommes, à quelques Sages, le vice odieux que nous n'osons nommer.

Cette exclamation n'est point hors de notre sujet ; car il s'agit ici d'un petit-maître à réputation, double mignon à l'enchère , qui par ses railleries indiscrètes avoit provoqué la riposte de M. Briolet. Plus d'une fois notre Roquelaure , en passant à côté de lui s'étoit écrié *Pouha! Pouha!* comme un homme qui passe auprès des lieux non à l'anglaise. Il poussa la vengeance plus loin. Il apprit que M. Volepan , tailleur de M. Prétanus (c'étoit le nom du mirliflor) avoit coutume de lui fournir chaque semaine et sans commandement , des habits du dernier goût ; il va chez lui et lui commande , au nom de sa commode pratique , une culotte à deux ponts , l'un par devant et l'autre par derrière. M. Volepan , qui réservoit toute sa malice pour le moment ou il coupoit l'étoffe et où il dressoit ses mémoires, confectionne innocemment l'objet ainsi qu'il est ordonné , et le joint à la livraison hebdomadaire. Or le jour qu'il le rendit, M. Prétanus avoit une nombreuse compagnie à déjeûner; la conversation parmi gens de son espéce tarissant bientôt de fonds, on se met à parler de modes, et ce fut une occasion pour l'hôte d'étaler aux yeux des amateurs les chefs-d'œuvres de couture qu'on venoit de lui apporter ; la culotte de nouveau prit à son tour place dans la revue ; jugez de la confusion des complices et du triomphe des malins. La mystification eût été complète, si M. Prétanus avoit su rougir. Ce qui le chagrina le plus ce fut l'éclat qu'eut cette aventure, et les brocards qu'elle fit pleuvoir sur lui ; depuis on ne l'appela plus que *M. le duc des Deux-Ponts*.

Il lui fut facile de connoître l'auteur de cette amère raillerie ; mais il dissimula : les gens qui savent si bien se retourner ne se piquent guère de bravoure. Une occasion se présenta d'en tirer raison ; elle ne servit qu'à mettre sa couardise dans un plus grand jour.

C'étoit un jour de grande revue à la plaine des Sablons. M. Briolet avoit endossé le costume d'étiquette, c'est-à-dire l'habit noir complet, chapeau sous le bras, l'épée au côté. A dire vrai, le tout, loué chez un fripier, n'étoit pas des plus frais et paroissoit, en grande partie, provenir de quelque vieux catafalque. En revenant il lui prend fantaisie de dîner seul chez un des traiteurs établis dans les marais humides des Champs-Elysées. Il entre dans un cabinet particulier ; il étoit occupé ; mais par qui ? le hazard veut que ce fût M. Prétanus qui étoit venu là faire une partie de plaisir avec cinq amis. Fier du renfort d'estafiers qu'il avoit avec lui, il n'eut pas plutôt vu M. Briolet qu'il se proposa de

rire comme il faut à ses dépens, et
de profiter de l'occasion de se venger où il ne voyoit aucun péril.
« Quoi c'est vous, M. Briolet, s'é-
» crie-t-il , quel heureux hazard
» vous amène auprès de nous ;
» soyez le bien-venu. — Messieurs,
» c'est par mégarde que je vous
» dérange. » Et il s'apprêtoit à
sortir , lorsque tous le retiennent
en le comblant d'ironiques poli-
tesses. « Savez-vous , lui dit un
» instant après M. Prétanus , que
» vous avez l'air d'un Achille ;
» votre épée paroît en conscience
» dater du tems de ce héros grec ;
» en vérité , elle mérite bien de se
» reposer. — Monsieur, elle a mis
» plus d'un railleur à la raison. —
» Tout de bon ! voyons-la donc de
» plus prés. » Et à ces mots il la
tire du fourreau , et la portant à
son nez : « Il se peut , dit-il , qu'elle
» ait quelquefois bu le sang hu-

» main; mais, à coup sûr, vous
» vous en êtes servi depuis à
» couper le fromage, car elle le
» sent furieusement : elle est ex-
» cellente pour cela, qu'en dites-
» vous, Messieurs ? » Il prend, à
ces mots l'assiette au fromage (car
ils en étoient au dessert), et en
coupe plusieurs morceaux avec
l'épée. Tout cela se passe au milieu
des éclats de rire de la société,
et d'une confusion affectée de la
part de M. Briolet. Mais la scène
change brusquement dès que son
arme lui est rendue ; il prend à
son tour l'assiette au fromage d'une
main et l'épée nue de l'autre, et
dirigeant la pointe contre M. Prétanus : « Vous avez coupé le fro-
« mage, lui dit-il, il faut mainte-
» nant que vous le mangiez. —
» Bah ! c'est une plaisanterie. —
» Oui, je veux faire le plaisant
» à mon tour. — Je ne mange ja-

» mais de fromage.—Vous le man-
» gerez, vous dis-je, ou je vous
» passe mon épée au travers du
» corps, malheur à qui voudra
» vous défendre ! » A ces mots,
prononcés du ton de la plus vio-
lente colère, M. Prétanus pâlit ;
ses camarades eussent volontiers
ri de son embarras, s'ils n'eussent
partagé sa peur. Enfin, l'un d'eux
dit à M. Prétanus : « Il paroît que
» Monsieur est un étranger qui
» n'entend pas la plaisanterie ;
» donnez-lui la petite satisfaction
» qu'il exige, montrez-vous com-
» plaisant et raisonnable. » Aprés
avoir hésité un instant, M. Prétanus se rendit à ce prudent conseil,
et il mangea le fromage en faisant
la plus laide grimace du monde.
M. Briolet sortit triomphant : et
Dieu sait si M. Prétanus se montra
curieux de le rencontrer.

CHAPITRE XI.

Comment M. Briolet vint à bout de connoître les plus secrètes pensées d'une dame, et ce qui s'ensuivit.

Monsieur Briolet fut un jour conduit à la maison de campagne d'une jeune veuve, qui réunissoit chez elle une société de personnes choisies ; là une aimable liberté remplaçoit le cérémonial de la ville, et chacun y étoit, pour ainsi dire, obligé de payer de sa personne, et de contribuer de son mieux au plaisir commun. M. Briolet n'y faisoit pas le moins de dépense en esprit et en gaîté ; mais quelles que soient les jouissances de l'amour-propre, elles ne satisfont pas entièrement le cœur. Fêté publiquement de toutes les beautés que rassembloit ce lieu, il en étoit quelques-unes dont il eût voulu l'être en particulier ; la maîtresse du logis étoit celle dont il ambitionnoit le plus la conquête.

Les déclarations de tendresse qu'il hasarda auprès d'elle, n'ayant été qu'un sujet de rire et d'ironie, il résolut de lui faire voir que par intérêt pour notre propre vanité, il ne faut jamais trop piquer celle des autres. Il lui persuada donc qu'il avoit un talisman, à l'aide duquel il pouvoit à son gré connoître les pensées les plus secrètes des dames. Quelle femme ne s'alarmeroit du voisinage d'un pareil sorcier ? Celle-ci, par crainte autant que par curiosité, exigea de M. Briolet l'épreuve du don merveilleux qu'il prétendoit avoir; un retour d'amour fut le prix convenu de cette nouvelle expérience.

Or en s'avançant ainsi M. Briolet n'agissoit pas en étourdi dépourvu de tout moyen de succès. Il savoit que la belle étoit *somniloque*, c'est-à-dire qu'elle parloit pendant le sommeil, et que son babil alors s'exerçoit sur les choses qui affectoient le plus vivement son ame. Il s'introduisit donc un soir dans sa chambre à coucher, et se tapit sous son lit, espérant apprendre de sa propre bouche, et à son insu, quelque important secret. La tentative réussit au-delà de l'attente.

En effet Morphée et le silence régnoient déjà partout, lorsqu'il entendit frapper mystérieusement à la porte de la belle ; elle de sauter hors du lit avec empressement : est-ce toi, mon ange, dit-elle d'une voix tremblante ; c'étoit un galant à qui elle avait donné ce tendre rendez-vous, et qu'elle admit à partager sa couche. Dire ce qui se passa dans les momens qui suivirent seroit sans doute chose superflue ; on devine aussi aisément que le plus content des trois n'étoit pas M. Briolet. Il voulut du moins tirer le meilleur parti du singulier rôle auquel il étoit réduit, il recueillit avec soin et les expressions sacramen-telles de tendresse dont leurs ca-resses furent accompagnées et les confidences réciproques dont elles furent suivies. L'attention qu'il lui fallut pour cela, ne fut pas telle qu'il ne songeât bientôt au danger qu'il courroit s'il étoit découvert. Dans la crainte que lui donna cette pensée, il fut à point servi par son esprit fécond en ressources. Il savoit con-trefaire le miaulement du chat au naturel. Dès que la fatigue du plaisir amène pour nos amans le besoin du sommeil, il se met à faire. *miaou, miaou,* nos gens de frapper sur la table de nuit pour faire taire l'importun animal; le matou d'être muet un moment et de recommen-cer ensuite tout de plus belle *miaou, miaou;* tant qu'à la fin le galant im-patienté se décida à aller entr'ouvrir la porte ; et M. Briolet qui s'en étoit rapproché en se traînant à quatre pattes, s'esquive lestement ; « c'étoit un chat de taille, dit l'autre en se remettant au lit. »

Le lendemain Dieu sait l'embarras où il mit la belle hôtesse en lui prouvant sans réplique par la répétition de mille mots tendres et mystérieux, la connoissance qu'il avoit non-seulement de ses pensées, mais même de ses actions les plus secrètes ; chaque trait de notre Roquelaure ajoutoit à son teint une nuance plus vive de vermillon. La curiosité, l'envie de connoître les moyens d'une pénétration si extraordinaire firent qu'elle se montra docile à tous ses desirs ; il ne tint qu'à lui d'être tout-à-fait heureux ; mais, moins amoureux que rieur, il mit le comble à cette farce en se contentant de faire *miaou, miaou*, à la vue

vue des appas dont il avoit auparavant paru desirer si ardem-
ment la possession.

CHAPITRE XII *et dernier.*

*L'amirable talent de M. Briolet
pour l'épigramme et le calembourg.*

M. Briolet faisoit son calembourg
tout comme un autre, il excelloit
dans l'épigramme ; mais comme il
n'attachoit aucune importance à
ces menues dépenses d'esprit, il
ne les couchoit jamais sur le papier ; il souffroit sans peine que
d'autres se les attribuassent. C'est
à une tradition privée que nous
dérobons les échantillons suivans
de son talent en ce genre.

Quoi de plus sanglant et de plus
ingénieux que l'épigramme qu'il fit
contre un homme entiché du vice
socratique :

Briolet.

E

En sentinelle au Pont-Tournant,
Un grenadier, non vétéran,
Au teint frais, à la croupe large ?
Fit l'autre pour un pet bruyant,
Quand Velmont, près de lui passant :
« Ami veux-tu que je recharge ? »

Il étoit dans une société où la conversation s'étoit établie sur les difficultés de la langue fraçaise ; il s'agissoit des diminutifs ; une dame observoit qu'ils se formoient souvent par l'addition de la terminaison *ote*, comme *cape*, *capote*. Un instant après cette même dame dit, en parlant d'une autre femme, *elle est laide à faire reculer*. « Re-
» culer, c'est trop fort, dit M.
» Briolet, saisissant l'à-propos des
» diminutifs ; mais bien à faire *re-*
» *culoter*. »

Dans le commencement qu'il étoit à Paris, et avant qu'il se fût lancé dans le monde, il alloit souvent prendre ses repas chez un

modeste traiteur dont le salon en-
fumé étoit placé au fond d'une
cour; comme il s'étoit déjà fait,
dans le quartier, la réputation
d'un homme d'esprit, ledit traiteur
le consulta sur son enseigne, le
priant de trouver dans sa tête
quelque chose de saillant et capable
d'achalander sa boutique, si in-
gratement située. « Eh bien ! lui
» dit M. Briolet, faites écrire en
» grosses lettres sur la porte d'al-
» lée : *Ici on donne à manger sur*
» *le derrière.* » Il le fit, et la sin-
gularité de l'affiche le mit dans une
vogue inconcevable.

M. Briolet se trouvoit un jour
avec un de ses antagonistes qui
avoit la réputation d'être un grand
menteur. Celui-ci vouloit lui persuader une chose qui paroissoit inconcevable; M. Briolet l'apostro-
phant, lui dit : Vous êtes si faux,

si menteur , qu'on croiroit que vous êtes né d'une fausse-couche , que vous avez été baptisé avec du faux sel , que vous ne logez que dans les fauxbourgs, que vous passez toujours par de fausses portes, que vous ne cherchez que des faux-fuyans , que vous ne vous plaisez qu'avec les faussaires, que vous ne vous servez que de fausses clefs et de fausse monnoie ; que de toutes les procédures , celle que vous aimez le mieux , c'est l'inscription en faux ; de toute la musique , les faux accords ; de la guerre , les fausses allarmes ; des oiseaux le faucon ; de l'harmonie , le faux-bourdon ; que vous ne vendez qu'à fausses mesures ; enfin , que rien ne vous plaît tant que les faux emplois, les fausses fenêtres , les faufilages , les faux-frais , les faux-frères , les fausses positions , les faux germes , les faux jours , les faux pas, les faux témoins, les faux semblans, et qu'en dernier lieu tout cela vous conduira dans la fosse.

Le même homme, qui étoit gascon, prenoit le nom d'une terre qu'il faisoit beaucoup valoir. Comme il en parloit devant M. Briolet, celui-ci, lassé de sa ridicule vanité, éclata de rire et dit à ceux qui les écoutoient : « Eh bien, cette terre dont il vous étourdit les oreilles, si deux renards se battoient au milieu, leurs queues passeroient dehors. »

Ces plaisanteries trop souvent répétées lui firent un mauvais parti du Gascon, qui le provoqua en duel pour l'après-midi du même jour. M. Briolet trop brave pour refuser, accepta le défi, et préalablement alla dîner avec ses témoins; comme on lui représentoit qu'il mangeoit peu : c'est répondit-il, que je n'ai pas de plaisir à manger quand je ne suis pas assuré de la digestion.

Voici des questions énigmatiques qu'il avoit habitude de proposer.

Dites en un seul mot latin, trois paires de pantoufles? *simul* (six mules).

Combien la lune a-t-elle d'étendue ? une aune, puisqu'elle a quatre quartiers.

Quel est le fromage le plus vieux ? celui de *Milan* (mille ans.)

Quelle différence y a-t-il entre un musicien et un lièvre ? Le musicien aime la musique et le lièvre le *plain-chant*.

Il prétendoit aussi que le cygne le plus commun en Allemagne étoit le *signalement* (le signe allemand.)

En montrant une pomme à un de ses amis, il lui demandoit comment il *l'appeleroit*. Parbleu ! répondit l'autre, une pomme de rembour ; non, mon ami, reprit Briolet, moi je *la pelle* avec un couteau.

Mais il seroit trop long de rappeler tous les bons mots, toutes les réparties ingénieuses de ce spirituel Champenois ; il suffit de dire qu'il fournit une carrière longue et brillante et qu'il fit les délices de tous ceux qui le connurent ; M. Briolet né plaisant le fut toute sa vie et à l'heure même de sa mort. Étant dans ce dernier état, il jeta les yeux sur deux procureurs de ses amis qui étoient dans la chambre ; ils les appela et leur dit : *placez vous l'un à ma droite et l'autre à ma gauche. Ses amis lui demandèrent pourquoi il exigeoit cela d'eux ? hé ! ne voyez-vous pas, leur dit-il, que c'est pour mourir comme notre Seigneur, entre deux larrons.*

E 4

M. Briolet a aussi composé plusieurs ouvrages qui tous sont marqués au coin de la plaisanterie ; pour en donner un échantillon au lecteur, nous allons placer ici l'histoire *du Baron de Pigeolet* qu'il composa à l'âge de vingt deux ans. Si cet essai est agréable au public, nous le ferons suivre d'un petit roman du même auteur, où la finesse et le goût s'unissent à la gaîté la plus vive, à la pureté du style, et qui présente une suite d'aventures étonnantes et merveilleuses.

HISTOIRE
ABRÉGÉE
DU BARON DE PIGEOLET,

Seigneur du Coulaire et de Rascassa, Chevalier des Ordres d'Architecture, et Page de la plus grande Ecurie du feu Prince d'Orange de Portugal.

CHAPITRE PREMIER.
Naissance du Baron.

Le Baron étoit issu d'une des plus anciennes maisons de *campagne*, qui descendoit en droite ligne *du haut d'un clocher*, comptant parmi ses ancêtres plusieurs personnes relevées *en bosse*, et entr'autres un père noir, une sœur *colette*, quatre frères *prêcheurs*, trois cousins *piquans*, et deux tantes *d'armée*, mais ils moururent tous, en sorte qu'il ne lui restoit plus qu'une vieille grammaire *italienne*, qui prit ses intérêts *au dernier quatre*, et qui lui fit apprendre toutes les lettres *majuscules* par cœur. Comme il fit paroître d'abord d'excellentes inclinations *de tête*, dès qu'il fut en état d'étudier il fut mis au Collège *des Electeurs*, où il fit trois classes *des Grands d'Espagne*, apprenant, en peu de tems, la langue *de bœuf salée* et toutes les sciences *infuses*, de manière qu'il soutint des thèses générales *sur ses épaules*, dédiées au Roi *des échecs*. Il fit paroître en toute occasion beaucoup d'esprit *de vin*. Ses études *de Procureur* étant finies, on l'envoya à une Académie *de brelan*, pour y faire ses exercices. Dans cet âge *d'or*, il fut long-tems le modèle *de statue*, et un exemple *d'écriture* pour la jeunesse ; mais le commerce *du Levant* qu'il eut avec certaines personnes, fut l'unique cause qu'il s'engagea *pour dix pistoles* dans quelques *désordres*. On le voyoit sans cesse, dans les bouchons *de bouteille*, boire *de la poussière* jusqu'à perdre la raison. Ce fut alors qu'il devint amoureux d'une maîtresse *muraille*; et sa folie alla si loin, qu'on le perdit bientôt *de vue*; il trouvoit sur son visage toute les graces que *le Roi accorde*; les ris *de véaux* et les jeux *de cartes* voltigeoient autour d'elle; elle avoit des agrémens *d'argent* inestimables. Ce ne fut pas tout, car il se ruina à faire des présens et *des futurs*; Tantôt c'étoit une boîte de mouches *à miel* qu'il lui envoyoit, tantôt un diamant qui jetoit un bel éclat *de bombe*; après quoi, il lui donnoit des fêtes *mobiles* à charmer tous ceux qui aiment *les charmes*. Il y avoit déjà trois mois que sa passion duroit, lorsque vers Noël, sa maîtresse se refroidit à cause de la rigueur *de la saison.* Ce malheur l'accabla *de pierres,* jusqu'à lui faire répandre des larmes *d'Angleterre.* Il passoit les nuits par *la porte,* et les jours par *la fenétre;* enfin, il étoit sur le point *d'Espagne* lorsqu'il s'avisa de faire jouer tous les ressorts de la machine *de Marly,* pour dissiper en l'air son chagrin *de Levant.* Il écrivit même à celle dont il se plaignoit une lettre *d'alphabet* de deux pages *de Cour,* dont voici la substance et *l'accident.*

« Mademoiselle, on me fait de mauvais rapports *d'estomac* sur votre compte, et l'on m'apprend que vous n'êtes plus dans la même situation à mon égard. Seroit-ce là le fruit *d'automne* que j'aurois gagné à vous faire la cour *du Palais Royal?* Ma consolation est que je me suis toujours bien conduit *sans bâton;* j'ai pesé toutes mes paroles et mes actions *au poids de marc*, et je n'ai rien mangé qui me reproche : ne quittez donc point vos anciennes dispositions envers moi, et soyez persuadée que je suis tout à vous et en partie aux autres. Le Baron de Pigeolet. »

Cet expédient n'ayant pas réussi au Baron, il alla *du ventre* en Angleterre, où il rendit visite *en main propre* à tous *les Electeurs*, qui lui firent présent d'un crochet *à pendre la viande*. Il vit ensuite tous les plus beaux endroits *des Poëtes ;* après quoi, ayant achevé son tour, il le vendit *à un Tourneur*.

CHAPITRE SECOND.

Le Baron se maria et acheta une Charge qu'il vendit pour aller à l'armée.

La renommée ayant été informée que le Baron avoit envie de se ma-

rier, on lui vint proposer un parti
bleu. La femme qu'il prit étoit faite
au tour *de Paris* : on admiroit dans
elle un port *de lettres dominicales*,
un air *étouffant*, des charmes *de
forêts*, et des agrémens *de soie*,
pour qui tout le monde faisoit des
vœux *simples*. Elle avoit un accent
circonflexe, un creux *de puits*,
une taille *de plume*, un regard *de
fontaine*, un ris *de veau*, une douceur *de miel*, un caractère *italique*,
le pas *de Calais*, la marche *d'Ancône*, et la diligence *de Lyon*. Elle
étoit pourtant sujette à des folies
d'Espagne, et à des jalousies *de
Confessional*, en sorte que son
époux a beaucoup souffert de son
humeur *peccante*, et de sa quinte
au *valet*, car elle le prenoit sur un
ton *mariné* ; mais elle rachetoit ses
inégalités par une vertu *d'aimant*,
qui lui faisoit garder une conduite
d'équipage. Son ajustement n'étoit

pas moins singulier. Pour conser-
ver sa taille *douce*, elle mettoit sur
elle un corps *de logis*, couvert par-
devant d'une pièce *d'artillerie*; ses
cheveux étoient toujours remplis
d'une poudre *de sympathie*. Le Baron qui étoit charmé d'avoir fait
cette alliance, garda avec elle des
mesures *de Tailleur* : ils vécurent
ensemble dans une liaison *d'écriture*
admirable, et leur bonheur fut aussi pur que *du vin sans eau* ; mais la
Baronne devenant enceinte *de ville*,
elle engendra *mélancolie* et six enfans *perdus* en peu d'années, unique
cause que le Baron se fit passer Docteur en droit *chemin*, pour pouvoir
entrer dans la robe *de chambre*
après quoi, il acheta une charge *de*
charbon, qui lui coûta soixante
mille livres *in-folio*, et qu'il vendit
pour aller à l'armée. Dans ce dessein, il fit travailler incessamment
à l'équipage d'un *vaisseau* et à

plusieurs caisses *de Tambour* pour tenir ses habits ; et , comme la Baronne voulut l'arrêter *prisonnier*, il s'échappa à la sourdine d'un *violon*, et vint servir *à table* dans les troupes de l'Empeur , où il comença à être enseigne *de cabaret*; ensuite étant monté de degré en degré *jusqu'au galetas* , il devint Général *d'ordre*. Son élévation du *póle* fit paroître les grands talens *d'or* qu'il avoit , et ce fut principalement lorsqu'ayant été mis à la tête d'un corps *au pied*, qu'il remporta de grands avantages sur les ennemis de *la société civile* ; le plus considérable et celui que je vais raconter : ayant appris que les Turcs étoient campés dans la pleine *lune*, il fit marché sòn armée sur trois colonnes *de marbre* , avec la diligence *de Paris*, pour les surprendre *d'admiration*. Dès qu'il fut arrivé, il posta une aîle *de perdrix* sur l'éminence *du Cardinal Mazarin*, et un aîle *de bâtiment* derrière *un village*, et il se mit dans le centre de *la terre*, armé d'une pique *d'eau* et d'autres armes *parlantes*. C'est de cet endroit où il donnoit des ordres à tous ceux qui avoient leurs *démissoires*. Devant les deux aîles étoient six brigades de dragons *aîlés* pour essuyer le premier feu avec *une serviette*. Le corps de réserve étoit composé de trois bataillons de cravates *de toile de mousseline*, de cinq escadrons de chevaux-légers qui *ne pesoient pas une once chacun*; et, afin que les soldats fussent plus serrés, il les fit mettre *au pressoir*. Ayant ainsi pris toutes les mesures *d'un Tailleur*, il commanda de charger la mousqueterie à balles *de Mercier*, et la fit tirer *par des bœufs*. On compta jusqu'à trois milles mords *de bride* qui restèrent sur la place; il prit aussi tous les canons *du Concile de Trente*, douze mortiers *de Présidens*, et huit paires de timbales *à cuire la viande*. Après cet heureux succès, il vint mettre le siège derrière Belgrade qu'il emporta *dans sa poche*, après deux mois de tranchée *de ventre*, ayant fait brèche *à sa ré-*putation en trois endroits. L'Empereur voulant ensuite mettre tous les soldats en quartier *de mouton*, il lui envoya pour cela un ordre *ré-ligieux*, et quantité d'eau *de la reine de Hongrie* pour les faire revenir. Le Baron, qui passoit pour un homme qui avoit beaucoup d'expérience *de physique*, fut néanmoins obligé de se jeter *au moule* dans Ostende, où il fut asiégé par le Lieutenant Général *de Police*, qui le fit investir du côté de la mer par une flotte *de soie* de cinquante voiles *de religieuses*, et du côté de terre, par de vieilles bandes *de pa-*

pier. Il fit une très-belle défense *de sanglier*, en se battant avec la valeur *d'un louis*, il démonta deux *batteries de cuisine* des ennemis ; mais ayant été obligé de rendre la place, il fut pris *sur le fait*, et conduit par un chemin où il n'y avoit point *de pierres* dans le fort de *la mêlée*, d'où il sortit *par ran-çon* l'année *climatérique*. Il ne fut pas sitôt élargi, qu'il reçut le commandement de l'armée navale, avec laquelle il fit la descente *de Mars aux Enfers*. Il courut ensuite toute la manche *d'une chemise* sur une *flûte Allemande* ; brûla huit vaisseaux *d'Eglise*, et quatre galères à trente-six rames *de papier*.

CHAPITRE TROISIÈME.

Le baron se retira de l'armée pour vivre en particulier.

Le baron étant las de porter les

armes, il les jeta *dans un fossé*, résolu de prendre quelque repos *d'escalier* le reste de ses jours ; il revint donc dans le lieu de sa naissance, où deux tantes *d'armée* et une vieille grammaire *espagnole* lui avoient laissé beaucoup de terres *inconnues*, et un fonds *d'un puits*, dont il retiroit de grands revenus *de l'autre monde*. Quoiqu'il demeurât ordinairement dans la maison *d'Autriche*, il avoit un très-beau château *en Espagne;* aux deux cotés du vestibule il y avoit deux salles-basses qu'il avoit empruntées *d'un Musicien;* vers le jardin régnoit une galerie ouverte, soutenue par douze piliers *de cabaret.* Le second pavillon étoit occupé par une chapelle où se trouvoit *Richelieu,* et par quelques petits réduits qui servoient de décharge *d'artillerie.* Au second étage il y avoit différentes chambres de *Justisce,* dont l'une étoit décorée

de plusieurs tableaux de la vie *humaine*, et des miroirs fidèles atta-
chés avec des clous *de girofles*, sur
une tapisserie à personnages *de
théâtre*, qu'il avoit fait faire aux
Gobelins, d'après un dessein *pré-
médité*. Tout autour étoient des
chaises *à porteurs*, et au milieu une
table *d'hôte*. Sa chambre n'avoit
pour tout ornement que quelques
bancs *de sable*, un bureau *de tabac*, un lit *de rivière*, où il couchoit *en joue* dans de beaux draps
d'Abbeville. L'autre côté du bâtiment ne servoit que pour sa biblio-
thèque : les facultés y étoient par-
tagées en différentes tablettes *de
chocolat*, et l'on étoit charmé de
voir l'arrangement des livres *de
beurre*, placés sur des rayons *de
miel*. Les armes du Baron, qui
étoient placées sur la porte consistoient en un écu *de six francs*, un
champ de bataille semé *de zizanie*,

avec une bande de violons, sur-
montée d'une croix *de par Dieu*;
à côté étoient les deux soutiens de
la Maison Royale, et au-dessus
une couronne *de Prêtre*; autour de
l'écu on avoit mis les marques *de
sa dignité*, c'étoient deux bâtons *de
cire d'Espagne* passés en sautoir
avec un cordon *de muraille*, d'où
pendoit l'ordre *Dorique*.

CHAPITRE QUATRIÈME.

*Occupations du Baron dans le lieu
de son domicile.*

D'abord que le Baron étoit levé, il prioit Dieu dans des heures *d'horloge*, après quoi, il faisoit apporter deux tranches *file* pour déjeûner, buvoit un coup de *poing*, et entroit ensuite dans son cabinet, où il s'occupoit à faire quelques vers *à soie*, principalement des sonnets *de tric-trac*; il composoit aussi des pièces *de vin*; en sorte qu'il fit un livre de deux cents feuilles *de chou*, qu'il fit relier à *un Tonnelier*; c'étoit un traité de paix divisé en quinze chapitres *de Cathédrale*. Il prenoit ensuite quelques heures *du jour* pour s'entretenir sur diverses choses avec une compagnie *de perdrix*; après quoi il écrivoit des lettres *patentes* avec une plume *satyrique*, et n'usoit que d'encre *de navire ;* il cachetoit ordinairement ses lettres avec un cachet gravé *dans la mémoire.* Le tems du dîner étant venu, on lui préparoit une table *de chronologie,* couverte d'une nappe *d'eau,* sur laquelle on servoit toutes sortes de mets *en Lorraine,* en trois services *funèbres.* D'abord on apportoit une soupe sur laquelle étoit une poule *mouillée,* flanquée d'un plat *d'épée* et d'un plat *de son métier.* Dès que la soupe étoit levée, on servoit un pâté de *fortification,* fait de langues *étrangères* et de poids *d'horloge,* une salade *de coups de bâton,* et pour entremets des pièces *de théatre,* et des entrées *de ballets.* Après cela venoit un roc *d'ivrogne,* un quartier *d'hiver* et un veau *de ville.* Pour le fruit on lui servoit des fraises *d'Espagnol,* des pommes *de lit,* des poires *à poudre,* des péchés *de ton,* des auberges à

un *écu par tête* , des coins *de rue*
en compote , beaucoup d'amandes
honorables , des dragées *à charger
deux fusils* , la crême *des honnêtes
gens* , de bonne pâte *d'hommes* ,
toutes sortes de douceurs *à dire à
une épouse* , et le fruit *de ses travaux.* Il mangeoit des racines *cubes*
les jours maigres , avec quelques
poissons *d'avril,* et buvoit dans des
verres *de lunettes,* qu'on avoit soin
de rafraîchir dans un sceau de
Chancellerie , plein de glaces *de
Venise.* Après le repas , en hiver ,
il se chauffoit au feu *de la dispute,*
qu'il allumoit avec un soufflet *bien
appliqué.* Dans les autres tems , il
faisoit des parties *d'apothicaire,* et
jouoit à un jeu *à se faire pendre.*
Quand il jouoit aux cartes *de géo-
graphie,* c'étoit le plus souvent à
l'ombre *d'un chêne.* Il avoit aussi
une fureur extraordinaire pour aller pêcher avec un filet de *vinaigre
Briolet.*   **F**

quatre jours de la semaine ; mais il prenoit ordinairement le mardi et le jeudi pour chasser *les mauvaises pensées* dans un bois *de cerf*. Lorsqu'il se disposoit à cet exercice, il prenoit ses bottes *d'asperges* avec des éperons *d'église* ; ses gens prenoient ses bottes *de foin*, après quoi ils montoient sur ses grands chevaux, et se servoient les uns les autres de selles *copieuses*, prenant en main la bride *abattue*, ils commençoient la marche *d'Ancône* dans le chemin *de la gloire* à pas de *Calais*. Deux piqueurs les suivoient de près avec deux meutes de chiens *de fusils*. Il n'est pas possible de croire quelle étoit l'adresse *de lettre* du Baron pour tirer un coup de fusil *au naturel*. Cependant lorsque la nuit tomboit il ne prenoit pas la peine *de la relever*, mais il retournoit chez lui, et lorsqu'il étoit de retour il se faisoit apporter

la lumière *de la raison*, lisoit jusqu'à ce qu'il entendît sonner les
heures *canoniales*. Lorsqu'il vouloit dire quelque chose à ses domes-
tiques, ils les appelloit *au futur Concile*, leur recommandant avant de
se coucher, de *se lever* sans que
personne leur donnât *la main*, et
de bien fermer la porte de la cour
de Suède, avec la clef de *gé ré sol*.

CHAPITRE CINQUIÈME.

*Maladie du baron dont il guerit,
et enfin celle dont il mourut.*

Le baron fut long-tems tourmenté
de la pierre *philosophale*, et n'ob-
tint une parfaite guérison que par
la taille *douce*. Quelques-tems après
allant à la chasse, il voulut monter
sur un arbre *de généalogie*, la
branche *cadette* vint à rompre, il

tomba *en quenouille*. Cette chûte *d'eau* lui fut si fatale , qu'elle lui causa de grandes révolutions *d'Angleterre* , qui lui apportèrent les fièvres *quartaines ;* elles commencèrent par le froid de 1709, avec un grand tremblement *de terre*. Le médecin qui le visita , commença par lui faire faire la diète *de Ratisbonne ;* il lui fit tirer deux palettes de sang *commun* à la veine *poëtique ;* lui donna une prise *de corps* , qui lui fit vomir beaucoup *d'injures*, le mena par le haut *Dauphiné* et le bas *Languedoc* , et lui fit faire une bonne selle *de cheval* et quantité de matière *de conversation*. Ainsi , quand son estomac eut été dégagé d'un grand amas d'humeur *badine,* il fut bientôt remis sur *le pied François ;* il vécut encore deux années *critiques* avec la santé que lui porta M. *de trois étoiles* son ami *de prêtre* , qui lui conseilla aussi le régime *du verbe :* ce fut pour lors qu'il fit une retraite à la vue *de l'ennemi,* il passa plusieurs mois dans des jeûnes et *des vieux* continuels, prenant chaque jour cinquante coups de la discipline *militaire.* Cependant ses yeux s'étant affoiblis, il devint aveugle et fut obligé de se faire conduire par le guide *des pêcheurs.* Cet accident absolu lui fit ressentir toutes sortes de mots *de deux syllabes,* jusqu'à ce qu'ayant été attaqué *par mer* et *par terre* d'une goutte *de vin,* remontée par *une échelle,* il fut enlevé par un parti de *dragons,* à l'âge de 66 années et trois jours de *fête.* Les vignes pleurèrent beaucoup à sa mort ; et il fut regretté des grands et des petits et des personnes de toutes sortes de *taille.* Dès que sa mort se fut répandue par *terre,* ce fut une douleur de *tête* générale ; on entendoit gémir la *presse,* et on ne pouvoit se lasser de le louer *à trente sols par jour;* en effet, il étoit à tout le monde d'un accès avec un *redoublement* incroyable. Quand il aimoit quelqu'un il prenoit ses intérêts au *denier vingt.* Ce qu'il fit au valet de *pique* est un preuve de son grand cœur; car il lui fit avoir la place *Maubert,* ce qui le mit dans une passe de *billard,* où il pouvoit s'élever sur ses pieds de *derrière.* Si notre Baron n'avoit eu quelques défauts de meilleures *raisons* et des jalousies de *confessionnal* contre sa femme, ce qui lui faisoit faire des folies *d'Espagne,* il ne lui auroit pas manqué un *clou;* car, outre qu'il étoit le patron de *colet* de tous les honnêtes gens, c'étoit un homme d'une justice *subalterne,* d'une vertu *d'aimant* et d'un caractère vraiment *gothique.* Je ne dis point qu'il avoit un jugement *sans appel,* qu'il étoit en conversation d'un entretien de *régiment* très étendu , sur-tout lorsqu'on l'écoutoit , car personne n'ignoroit qu'il raisonnoit comme un *tonneau vide*. Il aimoit beaucoup les lettres *initiales* et les beaux arts , qu'il fit fleurir en les *arrosant* et les *exposant au soleil à propos*. Il fut enterré par une bombe ; et à son enterrement qui fut fait avec une pompe *aspirante* , il y eut un concours de *voyelles* de tous les endroits de *l'alphabet*.

CHAPITRE SIXIÈME.

Véritable portrait du Baron de Pigeolet.

Le baron étoit fait au tour du monde de *l'amiral Anson* ; il avoit la tête *verte*, un front de *bataillon*, des yeux *d'écrevisse* , le nez *partout*, une bouche en *Cour* , une langue de *feu*, une gorge de montagne et un magnifique *palais*. Il avoit en outre un beau ratelier *d'écurie* et une dent *contre vous*; un teint *sauvage*, une chevelure frisée en boucle de *rideau*, un ton de *mousquet*, une poitrine *farcie*, un cœur de *musique*, les entrailles de la *terre*, des boyaux de *communication*, un ventre *bleu*, deux bras de *mer*, des coudes de *rivière*, et à la main droite le poing *du jour*, et à la gauche le poing de la *difficulté*; des mains de *papier*, à chacune desquelles il avoit un pouce *d'avantage*, deux doigts de *vin* et deux doigts de *remontrance*. Il avoit de plus des épaules de *bastion*, les reins *forts*, les côtes de *Provence*, des talons de *fusils*, un pied *destal*, un pied de *nez*. Il avoit une voix *active* et *passive* et l'ame des *grandes affaires*. Ses habits consistoient en un chapeau *vacant*, bor-

dé *d'anchoix*, avec un cordon *d'a-
louettes*, et au-dessus le nœud de
l'affaire. Son habit étoit de drap
mortuaire, avec des boutons de *rose*
et des galons d'or *potable*; aussi
étoit-il d'un prix de *l'Académie*;
il y avoit fait faire des poches de
violons, dans l'une desquelles il
portoit la bourse de *Bourdeaux* et
de *Marseille*, pleine de Louis *XII*
et de pièces *d'artillerie*. Il avoit
toujours de beaux bas de *mulet*,
une épée avec une garde *Françoise*
et une poignée de *farine* : quelquefois il portoit un sabre de damas
cramoisi qui se terminoit en pointe
d'épigramme. Il portoit ordinairement à la main une canne *d'étoffe*
qui avoit un bout rimé et une
pomme de *reinette*, faite au tour de
la *ville*, avec un nœud *gordien*.
En tems de pluie il se couvroit d'un
manteau de *cheminée* qui s'attachoit
avec un croc *en jambe*. Comme on

a perdu son portrait, qu'un peintre
avoit tiré à *quatre chevaux*, on
promet trois cents pistoles à celui
qui en fera un au naturel sur ce que
nous venons de raconter.

 **F I N.**